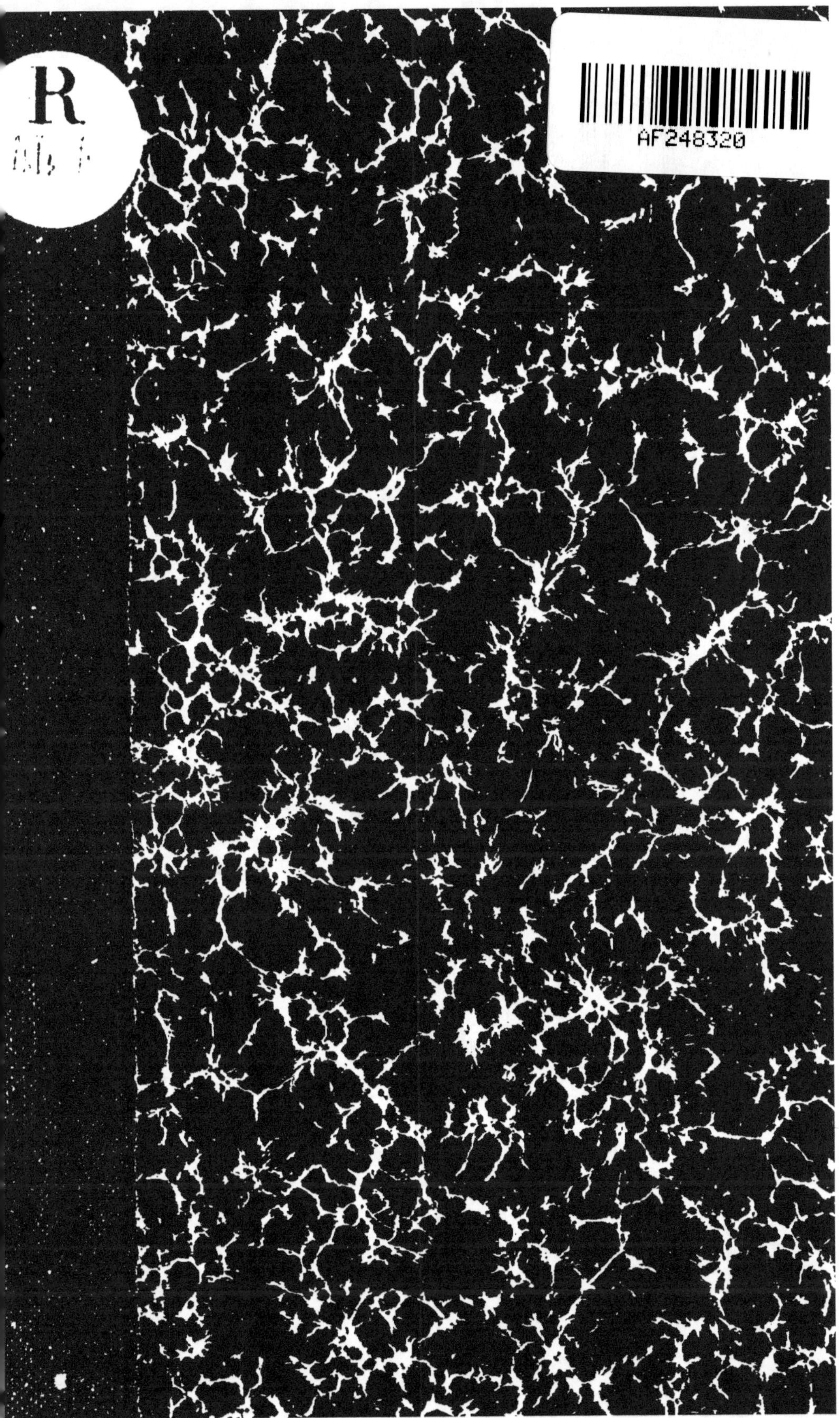

# JÉSUS

# ET LA FEMME

— —

## ÉTUDE

A chacun sa place.

**PARIS**

PAUL OLLENDORFF, ÉDITEUR

28 BIS, RUE RICHELIEU, 28 BIS

1895

# OUVRAGES DU MÊME AUTEUR

---

**Jurisprudence de la Cour de Cassation**, sur la loi électorale de 1874, par Henri Coulon, avocat à la Cour d'appel . . . . . . . . . . . . . . . . . . . 1 fr. 50

**Jurisprudence de la Cour de Cassation**, sur la loi relative à l'ivresse publique, par Henri Coulon, avocat à la Cour d'appel . . . . . . . . . . . . 1 fr. 50

**Étude pratique et projet de loi sur l'application du Jury en matière correctionnelle**, par MM. Albert Faivre et Coulon, avocats à la Cour d'appel   1 fr. »

**Manuel-Formulaire du Divorce et de la Séparation de corps**, contenant les lois du 27 juillet 1884 et 20 avril 1886, article par article : 1° la législation antérieure; 2° le résumé des travaux et débats parlementaires; 3° l'exposé complet et raisonné de la doctrine et de la procédure; 4° le sommaire des principales décisions rendues de 1809 à ce jour, par les tribunaux français et étrangers, avec les renvois aux recueils; 5° un modèle de chaque acte de la procédure en divorce; une table alphabétique et analytique, très détaillée, rend les recherches des plus faciles. par Henri Coulon, avocat à la Cour d'appel de Paris. *Cinquième édition*, entièrement refondue. 1 volume de plus de 600 pages avec un appendice contenant la jurisprudence jusqu'en 1891 . . . . . 6 fr. 50

**Jurisprudence du Divorce**, recueil, par ordre chronologique, contenant : 1° le texte des arrêts de principes rendus en causes de Divorce. depuis 1803 jusqu'en 1886, par les tribunaux français et étrangers; 2° le texte de toutes les décisions des tribunaux étrangers, citées par les divers commentateurs de la loi rétablissant le Divorce, par Henri Coulon, avocat à la Cour d'appel de Paris. 1 fort et beau volume in-18. Deuxième tirage . . . . . . . . . . . . 5 fr. »

**Commentaire de la Loi sur les Marchés a terme**, par Henri Coulon, avocat à la Cour d'appel. 1 vol.   1 fr. 50

**De la condition des Enfants naturels reconnus dans la succession de leur père et mère.** — Ce qu'elle a été. — Ce qu'elle est. — Ce qu'elle devrait être, par Henri Coulon, avocat à la Cour d'appel, 1 volume. 1887 . . . . . . . . . . . . . . . . 2 fr. 50

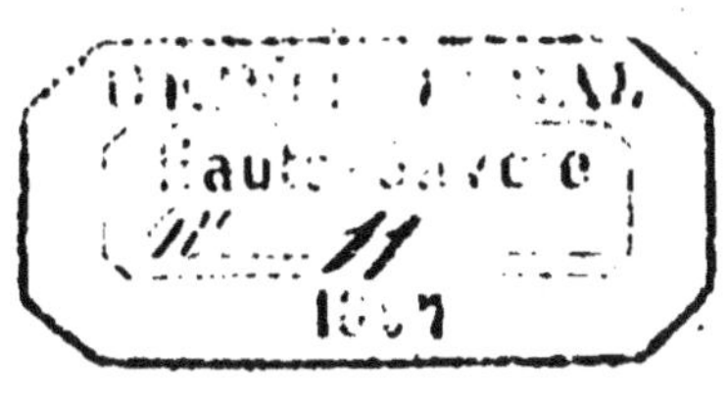


# JÉSUS
# ET LA FEMME

---

## ÉTUDE

PAR

Henri COULON

A chacun sa place.

PARIS

PAUL OLLENDORF, ÉDITEUR

28 BIS, RUE RICHELIEU, 28 BIS

---

1895

A MA FEMME

# INTRODUCTION

*La femme moderne. — Tendance à l'égalité.*

L'un des problèmes sociaux qui préoccupe le plus cette fin de siècle, est sans contredit la solution de la question de l'égalité de condition entre l'homme et la femme. La tendance actuelle est franchement déterminée dans le sens de cette égalité. Estimant qu'il y a là un sérieux danger pour l'avenir de notre société, nous avons pensé à écrire cette étude, non pas que nous puissions espérer enrayer ce qu'on appelle la marche en avant, mais parce que nous savons qu'il y a certaines vérités dans l'histoire du monde qu'il est bon de remettre par moment sous les yeux, et qu'il y a certains principes qu'on prétend tirer d'écoles philosophiques ou religieuses qui n'y avaient jamais songé.—Le plus certain de ces principes, dans l'ordre d'idées où nous sommes, est que la religion chrétienne a été le moteur le plus énergique de l'émancipation de la femme; si l'on veut parler de l'émancipation morale et non de l'émancipation sociale, nous estimons que la prétention de l'Eglise est absolument justifiée. Mais ce qui est non moins indiscutable et ce que nous voulons établir dans cette brochure, c'est que la pensée de l'émancipation sociale de la femme, l'idée même de modifier sa condition, n'est jamais venue à aucun moment au créateur de la religion chrétienne. Jésus, et nous l'établirons sans peine, ne s'est jamais préoccupé de la condition de la femme, il y a loin de là on le voit à l'idée de la modifier ou de l'améliorer. Il a toujours considéré la femme comme ceux au milieu desquels il vivait, c'est-à-dire comme un juif, comme un oriental et il n'a même pas eu pour la femme, au point de vue social, la considération de la société romaine ou païenne qui l'environnait. Aussi serait-il profondément surpris, lui le créateur de cette admirable religion et de la société moderne, s'il voyait le parti que plus de dix siècles après sa mort on a commencé à vouloir tirer de sa parole pour changer la situation de la femme. Chose plus curieuse encore, aujourd'hui où la foi chrétienne a tant diminué, on s'abrite derrière le principe posé, dit-on, par cette religion à laquelle on ne croit plus, pour tenter d'arriver à une égalité absolue de droits entre l'homme et la femme. S'il ne s'agissait que des

déclamations de quelques femmes
plus ou moins sincères, il n'y aurait
pas lieu de s'émouvoir, mais la tendance à l'égalité est le produit non
pas de ces déclamations, mais d'un
certain nombre de faits tant civils
que sociaux qui, si on les poursuivait
jusqu'au bout comme on semble
vouloir le faire, aboutiraient fatalement à l'égalité sociale la plus complète entre les deux sexes. — Ce
serait en réalité la destruction de la
société moderne, la famille étant la
base de l'édifice social et l'égalité de
l'homme et de la femme amenant fatalement la disparition du mariage
sans lequel il n'y a pas de famille.

Au point de vue civil, la femme a,
depuis un siècle, acquis, à peu de
chose près, les mêmes droits que
l'homme, il lui manque encore dans
l'état de mariage, la capacité de disposer. Le législateur n'est pas loin de

la lui accorder, ce sera le corollaire
logique de la dernière loi de 1893 en
matière de séparation de corps. C'est
peut-être là, en effet, qu'apparaît, de
la façon la plus nette, la tendance à
l'égalité des droits civils. Que la femme divorcée ait liberté et capacité, il
n'y avait rien à dire, sauf pour les
adversaires du divorce; mais que la
femme séparée de corps, c'est-à-dire
la femme encore tenue dans les liens
du mariage puisse disposer de ses
biens et de son nom, c'est là un progrès
vers l'égalité des droits qui est d'autant plus sensible que les promoteurs
de cette loi ont été les esprits les plus
modérés et les moins révolutionnai-
res, MM. Allou, de Marcère, Denor-
mandie, Jules Simon, etc., encoura-
gés..... par le Conseil d'État. Écoutez
un des commentateurs de cette loi :

« En rendant à la femme séparée, le plein
exercice de sa capacité civile, le législateur

de 1893 a fait œuvre de justice, la femme séparée devient désormais *l'égale* du mari. Non seulement, elle reprend l'administration de ses biens ; mais elle en reprend la propriété. Elle peut désormais disposer de son mobilier, comme de ses immeubles, sans le consentement du mari ou l'autorisation de justice ; ester en jugement, etc. »

La loi sur le divorce avait déjà ramené à l'égalité devant l'adultère l'homme et la femme, et si la loi pénale sur la même matière n'a pas. elle, encore subi la même modification, la jurisprudence se charge chaque jour, dans les grandes villes du moins, de remédier à cet état de choses en prononçant toujours des peines d'amende simplement pour punir l'adultère de la femme. Ce qui fait que l'adultère n'est plus une chose grave que dans les villes de province très reculées et que la proposition de loi que nous avons déposée pour l'abrogation des peines en matière d'adultère est chaque jour un peu plus justifiée.

L'incapacité de la femme mariée pendant le mariage est nécessaire, la prépondérance du mari est ici indispensable, il faut un chef dans la famille, et si l'on divise le pouvoir, on amoindrit l'autorité maritale, on détruit du même coup l'autonomie de la famille et la puissance paternelle. L'absence de foi religieuse, ou la contrariété de religions sont là, déjà pour créer des divisions souvent dangereuses au sein de la famille, mais, ici, la grande pensée de la liberté de conscience s'oppose à toute entrave.

Si, en outre, à la suite de l'éducation moderne de la femme, on lui ouvre toutes les carrières ; si, sauf l'impôt du sang, on lui demande tous les devoirs en lui accordant tous les droits notamment l'électorat et l'éligibilité, on aura accompli l'évolution que nous redoutons. Alors il faudra renoncer au mariage qui deviendra une sorte d'état anarchique, où il n'y aura plus aucun principe d'autorité. Chaque jour, on obligera ainsi à des concessions, deux êtres égaux qui n'auront pas de raisons pour s'en faire. Ce sera le triomphe de l'union libre, triomphe qui résultera de la liberté même qui existe dans cet état et qui fera que l'abdication d'un droit dans le ménage libre, ne sera pas consenti sous la crainte d'une séparation judiciaire, mais volontairement.

Une seule inégalité subsistera : celle de la nature, de la constitution physique qui serait, à elle seule, suffisante pour démontrer la stupidité de l'égalité à laquelle nous marchons si rapidement depuis dix ans sans que personne semble s'en préoccuper.

Ce n'est pas que nous venions prétendre que la femme prise isolément soit inférieure à l'homme : on pourrait peut-être le démontrer, mais nous croyons que cela n'est pas nécessaire. Nous voulons admettre même que la femme soit supérieure à l'homme — mais ce que nous nions c'est que, dans l'état de société, l'égalité entre eux soit possible ; et ceci pour tant de raisons qu'il est inutile de les énumérer, et qu'il suffit de rentrer en soi quelques instants pour les voir apparaître. Nous pouvons rappeler ici l'avis de Portalis sur cette question :

« La différence qui existe dans leur être en suppose dans leurs droits et dans leurs devoirs respectifs.

L'homme et la femme ne peuvent partager les mêmes travaux, supporter les mêmes fatigues ou se livrer aux mêmes occupations ; ce ne sont pas les lois, c'est la nature même qui a fait le lot de chacun des deux sexes : la femme a besoin de protection parce qu'elle est plus faible; l'homme est plus libre, parce qu'il est plus fort.

Cette prééminence est la source du pouvoir de protection que la loi reconnaît dans le mari. On a longtemps disputé sur la préférence de l'égalité des deux sexes, rien de plus vain que ces disputes. »

Si d'ailleurs on n'admettait pas notre pensée; et si la supériorité de la femme semblait établie ce n'est pas le principe de l'égalité qu'il y aurait lieu de proclamer, mais il faudrait créer à la femme une situation privilégiée qui lui donnerait la place qu'on pense qu'elle devrait occuper et qui aurait beaucoup moins d'inconvénients au point de vue de la famille. On arriverait ainsi au renversement de l'ordre de choses actuel, sans supprimer complètement les avantages du mariage. C'est un état qui existe, actuellement, sans trop d'inconvénients, dans certaines régions du Thibet et en Corée. Hâtons-nous d'ajouter que dans ces pays, la raison de cette situation est l'infime minorité des femmes.

Ce n'est pas seulement en matière de droit civil que l'égalité des deux sexes a fait un pas sérieux en avant. Examinons l'instruction moderne. La femme est aujourd'hui, à ce point de vue si important, véritablement placée au même degré que l'homme. On lui apprend tout ou plutôt, sans pousser assez loin ses études, on la met à même de mal savoir tout ce qu'on apprend à l'homme : Sciences physiques et naturelles, langues, droit, médecine, rien ne lui est plus inconnu. L'éducation s'en mêle. Chaque jour son indépendance s'en accroît. Est-ce bien là la manière de la préparer au rôle qu'elle doit remplir dans la vie de famille, c'est ce que chacun peut décider facilement. Il n'est pas jusqu'au costume qui ne soit

en train de subir les modifications né-
cessaires aux nouveaux usages.

Dans quelques années, grâce à
l'abus de la bicyclette, on verra dans
nos rues toutes les femmes habillées
comme les hommes. Qu'on ne s'y
trompe pas, il y a là dans nos mœurs,
une modification qui peut arriver à
les transformer radicalement et prom-
ptement, on ne sait pas assez l'importance du costume dans la vie.

Allons-nous ainsi à un progrès sérieux, et cette modification, cette évolution de notre existence donnera-
t-elle les résultats qu'on en attend.
C'est certainement la question la plus
difficile à résoudre. Surtout lorsque
s'arrêtant un instant sur le chemin de
la vie moderne, on en est appelé à
considérer ce qu'on qualifie de progrès. Le progrès c'est un état social
meilleur à tous, c'est un pas en avant
vers un bonheur plus complet. Sans

vouloir nier les résultats acquis, il est permis de demander à tout observateur impartial, s'il y en a, si les soi-disants progrès acquis depuis un siècle ont modifié dans un sens plus heureux la situation du plus grand nombre. C'est à ce point de vue qu'il faut se placer pour envisager un état social. Y a-t-il moins d'envieux ? Non. Y a-t-il plus d'heureux ? Non. Y a-t-il plus d'exigences ? Oui. Y a-t-il plus de besoins ? Oui. Y a-t-il plus de désabusés ? Oui. Qu'y a-t-il donc de mieux ? On mange mieux, on s'habille mieux. Souffre-t-on moins ? Incontestablement non. Et le nombre de malheureux s'est accru, à cause même des besoins qu'on a créés. Le nombre des malheureux moralement s'est augmenté de ceux qui, par leur instruction, croient pouvoir prétendre à tout et qui n'arrivent à rien. On a fait apparaître, en réalité, une nouvelle souffrance, toute morale, toute intellectuelle celle-là et qui est la résultante directe des appétits nouveaux qu'on a fait naître, des bonheurs qu'on a imprudemment promis, des ambitions qu'on a malheureusement permises. Voilà le résultat obtenu, il n'est pas satisfaisant. Ne voit-on pas que l'égalité sociale entre l'homme et la femme va jeter dans le combat de la vie, au grand détriment de la société même, une quantité d'êtres détournés de leur fonction naturelle et qui viendront, contrairement à leur intérêt personnel, enlever à ceux qui sont en place le morceau de pain qu'ils gagnent déjà, maintenant, péniblement. *Caveant consules !*

# CHAPITRE PREMIER

*La femme romaine sous Tibère.*

La femme romaine sous Tibère n'est plus dans la situation *quasi* opprimée où elle avait été sous la République. Tout a changé depuis Auguste. La femme a conquis une plus grande indépendance, elle est affranchie à la fois de la tutelle et de la *manus*. La plupart des incapacités de l'ancienne loi sont disparues ou relâchées, tutelle, *manus*, puissance paternelle, puissance maritale, tribunal de famille. L'émancipation de la femme serait complète, si le législateur n'avait senti la nécessité de créer quelques incapacités nouvelles.

Il faut bien le remarquer, à la

phase historique où nous sommes, nous arrivons au chemin rapide de la décadence des mœurs, tout comme aujourd'hui, et le corollaire fatal de cette décadence est incontestablement la trop grande liberté, la quasi égalité de la femme.

« Les femmes, dit Gide *(Condition privée de la femme,* page 131), pour qui les devoirs domestiques composaient la vie toute entière, dès qu'elles eurent perdu la pudeur, devinrent capables de tous les crimes, le foyer domestique ne fut pas le seul théâtre de leurs débordements : elles semèrent dans toute la République l'agitation et le désordre. Grâce à l'indépendance que leur laissaient les lois, on les vit répandre le tumulte dans les villes, assiéger de leurs clameurs les tribunaux et les portes du Sénat, fomenter des conspirations, dicter des proscriptions, souffler le feu des discordes civiles. En un mot, elles furent aussi puissantes par leurs vices que les héroïnes des premiers âges l'avaient été par leurs vertus. »

N'est-ce pas là, en faisant la part

de la différence des milieux, le véritable état existant aujourd'hui, et combien peu de mots il faudrait changer, pour faire le tableau de la société moderne au point de vue féminin. Les Romains subissaient alors l'influence d'une civilisation étrangère, la civilisation grecque, mais ils ne s'étaient pas rendu compte que si les Grecs toléraient dans leurs théâtres une licence scandaleuse, ils avaient soin d'en interdire l'accès aux femmes, que s'ils enseignaient, comme on le fait aujourd'hui, dans leur philosophie, le mépris des vertus domestiques, ils avaient soin de tenir leurs femmes dans l'ignorance. A Rome, à ce moment, rien ne protégeait plus les femmes contre l'influence corruptrice des idées grecques, pas plus qu'aujourd'hui rien ne les protège en France contre les tendances anti-morales, anti-religieuses, anti-socia-

les que nous voyons apparaître de
toutes parts.

Dans l'ancien droit romain quatre
pouvoirs domestiques venaient limi-
ter dans tous les sens l'indépendance
de la femme, la puissance paternelle
et la puissance maritale qui s'exer-
çaient sur sa personne, la tutelle et la
*manus* qui s'appliquaient à ses biens.
A l'époque de Tibère ces quatre pouvoirs se sont brisés, en se heurtant
les uns contre les autres.

La puissance paternelle est restreinte, le père doit doter sa fille, il
ne peut éluder cette obligation, pas
plus que celle de lui chercher un
mari, sans s'exposer à être traduit
par sa fille devant le magistrat et
condamné par celui-ci. Le père ne
peut plus comme autrefois briser l'u-
nion conjugale qui a cessé de lui plaire.
Veuve ou divorcée la femme reprend
sa dot et par là même son indépen-

dance, son père n'est plus que co-propriétaire avec elle, et pour exercer les actions dotales il lui faut son concours.

La puissance maritale a perdu son droit de juridiction, l'Etat s'est substitué au mari pour venger son honneur en détruisant le tribunal de famille : tout citoyen peut traduire devant les tribunaux criminels la femme soupçonnée d'adultère ; si le mari veut se faire justice à lui-même, s'il tue sa femme, fut-ce en flagrant délit, il est puni comme meurtrier. Le père seul a conservé le droit de tuer au moment du délit, sa fille et le complice.

Le droit impérial a maintenu également la substitution du juge public au tribunal de famille pour les questions moins importantes mais encore graves qui se rattachent à la constitution de la dot, à la rupture du lien conjugal. Le divorce n'est plus une

affaire de famille, il devient un acte
public.

Le mari n'est pas seulement dé-
pouillé de sa juridiction il devient
responsable, devant les tribunaux qui
l'ont dépossédé, de sa conduite envers
sa femme. Le juge qui règle les suites
du divorce doit rechercher et punir
les torts du mari, non moins que
ceux de la femme, et accorder à la
femme, si le divorce est imputable
au mari, une indemnité pécuniaire,
qui depuis Auguste est soumise comme pénalité à des règles fixes.

En même temps que ses droits sur
la personne de sa femme, le mari
perd, petit à petit, la disposition de
ses biens. La dot se transforme, la
*manus* disparaît. La *manus* était au
fond un régime de communauté
universelle. A l'époque de Tibère, de
maître absolu qu'il était de la dot, le
mari en est devenu en quelque sorte

le gardien responsable, et ce n'est qu'avec le consentement de la femme qu'il peut aliéner le fonds dotal. Pour mieux assurer la conservation de la dot, on fait fléchir tous les principes, on place la dot en dehors du patrimoine, à l'abri de tous les accidents juridiques auxquels le patrimoine est exposé.

Quant à la tutelle de la femme, elle s'est, elle aussi, complètement transformée ; c'était un droit, elle devient une charge, elle était constituée dans l'intérêt des tuteurs, elle devient subordonnée aux intérêts de la femme.

« La femme, en effet, n'était pas considérée dans le droit romain, comme incapable de sa nature, et si la loi la frappait de certaine incapacité, c'était dans l'intérêt de sa famille, c'est-à-dire de ses tuteurs ; dès que l'intérêt de ces tuteurs ne s'y opposait plus la femme reprenait le plein exercice de sa capacité naturelle. Donner à la femme des tuteurs étrangers, qui n'avaient aucun intérêt à contrôler ses actes, c'était, au fond, lui donner une pleine liberté. Aussi cette nouvelle tutelle ne fut-elle que l'ombre de l'ancienne : comme le dit Cicéron, les anciens tuteurs tenaient la femme sous leur dépendance, les nouveaux furent dans la dépendance de la femme, à ses ordres. » (Gide, *op. cital.*, p. 138.)

La seule incapacité qui subsiste, est que la femme ne peut exercer la puissance domestique, ni comme tutrice, ni comme mère ; mais, il ne faut pas l'oublier, la puissance domestique n'existe plus presque que de nom, et d'ailleurs il suffit d'une autorisation impériale facile à obtenir pour que la femme puisse être tutrice.

On le voit par ce court exposé, l'indépendance de la femme est aussi grande que possible et plus l'empire romain marchera vers la décadence, plus cette indépendance absolument en dehors du mouvement chrétien va s'augmenter pour arriver à l'entière égalité. On se demande ce que le doux Galiléen a bien pu apporter par sa parole pour une émancipation plus complète de la femme au moment·où il a prêché sa doctrine, si tant est que contrairement à ses paroles mêmes on lui attribue une part quelconque dans la modification radicale survenue au point de vue de la femme dans le monde romain.

# CHAPITRE II.

*La femme juive à l'époque de Tibère.*

La condition de la femme juive est réglée par les Ecritures, par la Loi et la Bible.

Le caractère libéral et spiritualiste de la doctrine de Moïse apparaît, non seulement dans la constitution du pouvoir politique qui n'admet comme maître, comme chef, comme roi, que Dieu lui-même, mais aussi dans la constitution de la famille. Ce n'est pas avec les chefs de famille que Dieu, établit une alliance : c'est aussi avec les enfants, les femmes et les esclaves.

« Comparaissez tous aujourd'hui devant l'Eternel, votre Dieu, les chefs de vos tribus, vos anciens, vos officiers et tout homme

d'Israël, et *vos petits enfants et vos femmes*
et jusqu'à l'esclave qui coupe votre bois et
qui puise votre eau afin que vous entriez
dans l'alliance que l'Eternel, votre Dieu,
contracte en ce jour avec vous. » (Deutéronome, XXIX, 10-12; Exode, XXII, 22-23:
Psaume, LXVIII, 6).

« Dieu est le père des orphelins et le juge
des veuves. »

Juge ici veut dire directeur : chef
responsable.

« Une fois veuve, la femme quoique con-
tinuant à dépendre de la famille de son mari,
semble acquérir une certaine indépendance :
elle s'oblige valablement par son serment
ou par un vœu sans aucune autorisation. La
mère exerce sur ses enfants une autorité
égale à celle du père de famille. » (Deutéronome, XXI, 18-21; Nombres, XXX, 10.)

La loi de Moïse, plus avancée que
notre loi moderne, défendait la femme
contre son séducteur. Ce que nous
n'osons pas faire, elle n'avait pas
hésité à l'imposer, nous lisons, en
effet, dans l'*Exode*, chap. XXII, 16-17

et dans le *Deutéronome*, chap. XXII,
n<sup>os</sup> 28 et 29 :

« Si quelqu'un séduit une vierge qui n'é-
tait point encore fiancée, et qu'il la cor-
rompe, il lui donnera une dot, et il l'épou-
sera lui-même et, de sa vie, il ne pourra la
répudier. Si le père de la fille ne veut pas la
lui donner, il donnera au père autant d'ar-
gent qu'il en faut d'ordinaire aux filles pour
se marier. »

Ce serait là un texte que nous pour-
rions emprunter à cette législation
reculée, avant d'en arriver à l'égalité.
Cependant Salomon a dit :

« J'ai cherché la sagesse et les raisons de
tout, et j'ai trouvé que la femme dont le
cœur est comme un piège et dont les mains
sont comme des lacets, est plus redoutable
que la mort.... Voici ce que j'ai cherché
partout, mais ce que je n'ai point trouvé :
J'ai bien trouvé un homme entre mille, mais
non pas une femme entre toutes. »

Les Esséniens s'abstenaient du
mariage :

« ...Persuadés que parmi les femmes il

n'en est pas une de fidèle. » (Josèphe, *De Bello Jud.*, l. II, ch. VIII, n° 2. Cpr. Sapience, III, 13, 14, V. I.)

Le témoignage en justice de la femme était rejeté comme indigne de créance (Josèphe, *Antiq. Jud.*, liv. IV, ch. VIII, n° 15), elle ne pouvait s'engager, même par un serment ou par un vœu qu'avec l'autorisation de son père ou de son époux. (Nombres XXX.) Sa vraie et unique mission était de faire des enfants : « Croissez et multipliez », avait dit le Dieu d'Abraham.

Voici sur le point spécial qui nous occupe les commandements de Dieu dictés à Moïse.

IV. Honore ton père et ta mère afin que tes jours soient longs sur la terre que l'Eternel te donnera.

VI. Tu ne seras pas adultère.

IX. Tu ne convoiteras pas la femme de ton prochain.

Ce sont là des paroles éternellement vraies qui sont la base de toute la morale au point de vue de la famille et du mariage.

Moïse insiste beaucoup sur les lois du mariage, base essentielle de la famille et de la société. Il ne doit avoir lieu qu'entre de vrais croyants ; il est prohibé entre parents en ligne directe, et jusqu'au second degré en ligne collatérale.

La loi mosaïque permettait la répudiation, autorisait la polygamie. Non seulement on était autorisé à avoir des concubines, mais on avait le droit d'avoir plusieurs femmes légitimes, la jurisprudence des rabbins avait fixé ce nombre à quatre, à l'exemple du patriarche Jacob. (Exode, XXI, 7 ; Deutéronome, XXI, 15, 17 ; Genèse, XXXII, 22 ; Maimonides, XIV, 4.)

La substitution d'un homme à un autre durant sa vie pour combattre la stérilité n'était pas admise comme dans l'Inde ; la loi Hébraïque avait trop d'horreur de l'adultère (puni de mort pour les deux complices), mais après la mort de son mari, la femme sans enfant devait épouser le frère de celui-ci (Episode des Saducéens dans les Evangiles), c'est ce qu'on appelle le lévirat. (Genèse, XXXVIII.)

Le frère qui refusait était déshonoré ; car il amenait la disparition du nom de son frère du livre d'Israël. (Deutéronome, XXV, 6.)

Une femme, dit le Deutéronome, chap. XXII, 5, ne prendra point un habit d'homme, et un homme ne prendra point un habit de femme ; car celui qui le fait, est abominable devant Dieu.

Il y a dans Isaïe, chapitre III, des menaces terribles contre les femmes juives qui ont voulu sortir de leur condition, le prophète inspiré s'écrie :

« Le Seigneur a dit encore : Parce que les

filles de Sion se sont élevées, qu'elles ont marché la tête haute, en faisant des signes des yeux et des gestes des mains, qu'elles ont mesuré tous leurs pas, et étudié toutes leurs démarches :

Le Seigneur rendra chauve la tête des filles de Sion, et fera tomber tous leurs cheveux..... (suit l'énumération de tout ce qui leur sera enlevé).....

Et leur parfum sera changé en puanteur, leur ceinture d'or en une corde ; leurs cheveux frisés en une tête nue et sans cheveux ; et leurs riches corps de jupe en cilices. »

Sisara tué par Jahel semble bien indiquer cependant l'importance du rôle des femmes, surtout si on se rappelle que celle qui dirigeait Israël spirituellement à cette époque était une prophétesse nommée Déborah, femme de Labidoth qui avait acquis une grande célébrité et exerçait une haute influence, car elle rendait la justice sur la montagne d'Ephraïm, entre Rama et Béthel, assise sous un palmier qu'on appela de son nom, et les enfants d'Israël montaient auprès d'elle pour se faire juger. (Juges, III, IV). Emue des souffrances de son peuple, c'est elle qui arme et dirige Jahel contre Sisara et qui prédit que « c'est aux mains d'une femme que Dieu livrera Sisara ». La Grecque ou la Romaine qui, comme Jahel, aurait affranchi son pays, eut été portée aux nues. Mais en Israël ce ne fut pas un argument pour l'émancipation des femmes quoique l'Ecriture se plût à exalter cette action d'éclat.

Redirons-nous également la mort d'Holopherne, tué par Judith, et les paroles d'Ozias à Judith. (Judith, XI, 18 à 21; XIII, 1 à 24) :

« Vous êtes bénie, ma fille, entre toutes les femmes, et béni soit le Seigneur qui vous a conduite pour abattre notre ennemi. »

L'histoire d'Esther n'est-elle pas là aussi? Enfin le rôle de la femme n'apparaît-il pas à chaque phase de l'histoire juive dans la Bible, sans engendrer l'égalité et sans amener une modification, à la condition, d'ailleurs heureuse de la femme juive? Lisez les Proverbes, ch. V.

« Que votre source soit bénie! Vivez dans la joie avec la femme que vous avez prise dans votre jeunesse.

Qu'elle vous soit comme une biche très chère et comme un faon très agréable, que sa douceur vous enivre en tout temps, et que son amour soit toujours votre joie.

Mon fils, pourquoi vous laissez-vous séduire par une étrangère, et pourquoi vous reposez-vous dans le sein d'une autre. »

Il n'y a rien dans les Evangiles de plus tendre, ni de plus affectueux pour la femme. Je sais bien que les mêmes Proverbes, ch. XXIII, 15, disent :

« La femme querelleuse est semblable à un toit d'où l'eau dégoutte sans cesse pendant l'hiver.

Celui qui veut la retenir est comme s'il

voulait arrêter le vent, et elle lui sera comme une huile qui s'écoule de sa main. »

Mais ne faut-il pas reconnaître avec Salomon que ces versets sont la vérité même.

De plus, il faut le dire, le sort de la femme s'était singulièrement amélioré, à l'époque où Jésus apparut ; la polygamie, pour des raisons tout économiques, la répudiation pour cause de stérilité, avaient à peu près disparu. Toujours considérée, d'après la loi même de Moïse, comme un être inférieur, qui n'était pas admis à la table des hommes, la femme jouissait cependant, au point de vue des mœurs, sinon au point de vue des lois, d'une situation douce, elle avait dans le sein de la famille un pouvoir à peu près égal à l'homme et le foyer domestique lui appartenait. L'étude de la loi sainte lui était, néanmoins, encore interdite, comme

à l'esclave et au jeune enfant. (Maimonides, *De Doctrina legis Oxonii,*
1705, t. I, ch. I, p. 13.)

Postérieurement à Jésus, en dehors
de lui, la situation se transforma encore, dans le Talmud. Le divorce ne
fut plus admis en dehors de l'adultère et, dans ce cas, la femme eut le
droit, elle aussi, de le demander. Puis
apparut la constitution de la dot, suivant le droit romain et aussi des modifications au mariage dans le même
sens. Ce furent les rabbins qui, en
dehors de l'idée chrétienne qu'ils ont
toujours repoussée, obtinrent ces ré-
formes dont il faut leur faire honneur. Et ici encore, il faut conclure
que la venue de Jésus n'a été, ni de
près ni de loin, la cause déterminante
d'une modification de la condition de
la femme.

# CHAPITRE III.

*Rôle de la femme dans les Evangiles.*

Jésus a, dans sa vie matérielle, mené l'existence des prophètes juifs, sans foyer, ni famille dans le sens du mot. Il a des points de ressemblance frappants avec tous les hommes animés de l'esprit de Dieu qui l'ont précédé dans l'histoire du peuple juif. Mais le prophète qui, semble-t-il, s'est le plus rapproché de lui, est Elisée, il suffit de lire le livre des Rois (chapitre IV) pour s'en convaincre. Même genre d'existence, mêmes miracles, mais, fait presqu'unique, Elisée mourut considéré et les dernières paroles qu'il prononça prédirent le succès des armes d'Israël.

Si la vie matérielle de Jésus l'a rapproché des prophètes, sa vie morale a, elle, donné le sceau à sa divinité et en a fait l'être unique que l'on adore et que l'on adorera toujours. C'est que pour être son disciple, il n'y avait pas de paroles à prononcer, et qu'il suffisait de s'attacher à lui et de l'aimer. C'est qu'il n'y a, dans son enseignement, nulle trace d'une morale appliquée et d'un droit canonique tant soit peu défini. C'est que, conséquent avec ses principes, il dédaignait tout ce qui n'était pas la religion du cœur; qu'il préférait à tout l'amour de Dieu, le pardon, la charité. C'est que l'orgueil du sang lui parut toujours l'ennemi capital et qu'il proclama le premier les droits de l'homme, la religion de l'homme, la délivrance de l'homme. Tout homme peut participer au royaume de Dieu. Et, comme le dit si bien Renan,

quelle que puisse être la transformation des dogmes, Jésus restera,
en religion, le créateur du sentiment
pur; le sermon sur la montagne ne
sera pas dépassé. Il a fondé la religion absolue, n'excluant rien, ne dé-
terminant rien, que l'idée de Dieu.

Jésus et, après lui, les apôtres du
Christianisme n'ont pas prêché l'égalité de la femme, ils n'ont pas voulu
son émancipation sociale. Leur œuvre, en ce qui concerne les femmes, a
été plus restreinte et, en même temps,
plus élevée, ils ont ouvert à toutes les
femmes les portes, jusque-là fermées,
de la religion, ils leur ont permis de
s'occuper des choses saintes, et faisant une place spéciale au célibat, ils
ont relevé la femme sans enfants, la
vierge, la veuve stérile et aussi la
courtisane, et leur ont accordé, au
point de vue purement moral, une
place qui leur avait toujours été re-

fusée. Donnant ainsi un aliment à cet immense besoin d'amour perdu. Personne au monde n'a foulé aux pieds, comme Jésus, la vie matérielle. La famille, l'amitié, la patrie, n'avaient aucun sens pour lui. Dans ses accès de rigueur, il voulait qu'on n'existât que pour lui, qu'on n'aimât que lui seul.

« 26. Si quelqu'un vient à moi et ne hait pas son père, sa mère, sa femme, ses enfants, ses frères et ses sœurs et même sa propre vie, il ne peut être mon disciple.

33. Ainsi, quiconque d'entre vous ne renonce pas à tout ce qu'il a, ne peut être mon disciple. (Chap. XIV, S. Luc.)

. . . . . . . . . . . . . . . . . .

21. Or, le frère livrera le frère à la mort, et le père, le fils; les enfants se soulèveront contre leurs pères et leurs mères et les feront mourir.

22. Et vous serez haïs de tous les hommes à cause de mon nom; mais celui-là sera sauvé qui persévèrera jusqu'à la fin.

34. Ne pensez pas que je sois venu appor-

ter la paix sur la terre : je ne suis pas venu y apporter la paix, mais la guerre.

35. Car je suis venu séparer l'homme d'avec son père, la fille d'avec sa mère et la belle-fille d'avec sa belle-mère.

36. Et l'homme aura pour ennemis ceux de sa propre maison. » (Ch. X, S. Mathieu).

Peut-on s'étonner, ensuite de ceci, qu'il ne se soit préoccupé en rien de la famille et que même pour les siens, il ait semblé souvent dur. Ici nous ne discutons pas, nous n'apprécions pas, le lecteur le fera. Nous citons simplement les passages des Evangiles qui ont trait aux siens.

C'est d'abord dans son enfance :

« 43. Après que les jours de la fête furent passés, lorsqu'ils s'en retournèrent l'enfant Jésus demeura dans Jérusalem sans que son père ni sa mère s'en aperçussent.

. . . . . . . . . . . . . . .

46. Trois jours après, ils le trouvèrent dans le temple, assis au milieu des docteurs, les écoutant et les interrogeant.

47. Et tous ceux qui l'écoutaient, étaient ravis de sa sagesse et de ses réponses.

48. Lors donc qu'ils le virent, ils furent remplis d'étonnement, et sa mère lui dit : Mon fils, pourquoi avez-vous agi ainsi avec nous ? Voilà votre père et moi qui vous cherchions, tout affligés.

49. Il leur répondit : Pourquoi me cherchiez-vous ? Ne saviez-vous pas qu'il faut que je sois occupé à ce qui regarde le service de mon Père ?

50. Mais ils ne comprirent point ce qu'il leur disait.

51. Il s'en alla ensuite avec eux, et il vint à Nazareth ; et il leur était soumis. Or sa mère conservait dans son cœur toutes ces choses. » (Chapitre II, saint Luc).

C'est ensuite, pendant ses trois années de prédications :

« 1. Trois jours après il se fit des noces à Cana en Galilée ; et la mère de Jésus y était.

2. Jésus fut aussi invité aux noces avec ses disciples.

3. Et le vin venant à manquer, la mère de Jésus lui dit : Ils n'ont point de vin.

4. Jésus lui répondit : Femme, qu'y a-t-il de commun entre vous et moi ? Mon heure n'est pas encore venue.

5. Sa mère dit à ceux qui servaient : Faites tout ce qu'il vous dira. (Transformation de l'eau en vin. Premier miracle de Jésus.)

12. Après cela il descendit à Capharnaüm avec sa mère, ses frères et ses disciples ; mais ils y demeurèrent peu de jours. » (Chapitre II, saint Jean).

. . . . . . . . . . . . . . . .

« 2. Mais la fête des Juifs appelée des « tabernacles » était proche.

3. Ses frères lui dirent : quittez ce lieu, et allez en Judée, afin que vos disciples voient aussi les œuvres que vous faites.

4. Car personne n'agit en secret, lorsqu'il veut être connu dans le public : puisque vous faites ces choses, faites-vous connaître au monde.

5. Car ses frères ne croyaient pas en lui.

6. Jésus leur dit donc : mon temps n'est pas encore venu ; mais pour le vôtre il est toujours prêt. » (Chapitre VII, saint Jean.)

. . . . . . . . . . . . . . . .

27. Lorsqu'il disait ces choses, une femme, élevant la voix au milieu du peuple, lui dit : Heureuses sont les entrailles qui vous ont porté, et les mamelles qui vous ont nourri !

28. Jésus lui dit : Heureux plutôt ceux qui entendent la parole de Dieu, et qui la pratiquent ! » (Chapitre XI, saint Luc.)

. . . . . . . . . . . . . . . . . .

46. Lorsqu'il parlait encore au peuple, sa mère et ses frères étant arrivés, et se tenant au dehors, demandaient à lui parler.

47. Et quelqu'un lui dit : Voilà votre mère et vos frères qui sont dehors et qui vous demandent.

48. Mais il répondit à celui qui lui dit cela : Qui est ma mère et qui sont mes frères?

49. Et tendant sa main vers ses disciples : Voici ma mère, dit-il, et mes frères.

50. Car quiconque fait la volonté de mon Père qui est dans les cieux, celui-là est mon frère, ma sœur et ma mère. » (Chapitre XII, S. Mathieu ; chapitre IV, 31, 32, 33, 34, 35, S. Marc ; chapitre VIII, 19, 20, 21, S. Luc.)

On voit que comme tous ceux exclusivement préoccupés d'une idée, Jésus arrivait à tenir peu de compte des liens du sang. L'idée seule subsistait, et quelle idée sublime, comme on sent déjà le souffle de ce haut spiritualisme qui a conquis le monde au point de vue moral.

Il ne voulut jamais s'occuper d'une idée politique, ne combattit point la domination romaine, ne songea pas à l'affranchissement du peuple juif. Le Messie venait seulement mettre le sceau sur la Loi et les prophètes, et non promulguer des textes nouveaux.

En ce qui concerne le sort des femmes au point de vue civil, il ne s'en préoccupa point ; la première fois où nous le voyons parler à une femme, nous assistons à la surprise de ses disciples ; il lui parlait de Dieu et les femmes ne devaient pas, suivant l'Ecriture, s'occuper de choses religieuses et il lui disait le principe de la religion éternelle :

« Femme, l'heure est venue où l'on n'adorera plus ni sur cette montagne, ni à Jérusalem, mais où les vrais adorateurs adoreront le Père en esprit et en vérité. »

Au point de vue de la vie sociale, il ne va pas élever les femmes, elles l'accompagneront, elles le soigneront, elles le serviront, nous ne le verrons pas froisser les mœurs juives ; nous ne le verrons pas les faire asseoir à sa table ; il acceptera seulement leur aide, leurs secours et nous en trouvons la preuve dans le chapitre VIII de l'Evangile selon S. Luc :

« 1. Quelque temps après, Jésus allait de ville en ville et de village en village, prêchant l'Evangile et annonçant le royaume de Dieu ; et les douze apôtres étaient avec lui.

2. Il y avait aussi quelques femmes qui avaient été délivrées de malins esprits et guéries de leurs maladies, parmi lesquelles étaient Marie, surnommée Madeleine (de Magdala, ville sur le lac Tibériade), dont sept démons étaient sortis.

3. Jeanne, femme de Chuza, intendant de la maison d'Hérode ; Suzanne et plusieurs autres, *qui l'assistaient de leurs biens.* »

Elles sont là ces touchantes Galiléennes, elles ne réclament rien, elles suivent Jésus et ses apôtres, elles ne se mêlent pas à eux. Toutes les fois qu'elles interviennent c'est pour un soin domestique, une attention délicate et aimante pour le Maître, mais combien modestes elles sont et quel bel exemple elles donnent à tous et particulièrement aux femmes modernes, il suffit pour s'en convaincre de lire ces deux passages des Évangiles. Le premier a trait à Marie-Madeleine :

« 36. Un Pharisien nommé Simon ayant prié Jésus de manger chez lui, il entra dans sa maison et se mit à table.

37. En même temps une femme de la ville (Marie-Madeleine), qui était pécheresse, ayant su qu'il était à table chez ce Pharisien y vint avec son vase d'albâtre plein de parfum.

38. Et, se tenant derrière lui, à ses pieds, elle commence à les arroser de ses larmes, et elle les essuyait avec ses cheveux, elle les baisait et y répandait ce parfum.

39. A cette vue, le Pharisien qui avait in-

vité Jésus se dit en lui-même : Si cet homme
était prophète, il saurait quelle est celle qui
le touche, et que c'est une pécheresse.

. . . . . . . . . . . . . . .

44. Mais, se tournant vers la femme, Jésus
dit à Simon : Voyez-vous cette femme ? Je
suis entré dans votre maison, vous ne m'a-
vez point donné d'eau pour me laver les
pieds; et elle, au contraire, a arrosé mes
pieds de ses larmes, et les a essuyés avec
ses cheveux.

45. Vous ne m'avez point donné de baiser,
mais elle, depuis qu'elle est entrée, n'a cessé
de baiser mes pieds.

46. Vous n'avez point répandu d'huile sur
ma tête, et elle a répandu ses parfums sur
mes pieds.

47. C'est pourquoi, je vous déclare que
beaucoup de péchés lui sont remis, parce
qu'elle a beaucoup aimé. Mais celui à qui
on remet moins aime moins.

48. Alors il dit à cette femme : Vos péchés
vous sont remis.

. . . . . . . . . . . . . . .

5o. Et Jésus dit encore à cette femme :
Votre foi vous a sauvée, allez en paix ».

Ce que M. V. de Laprade a traduit
si heureusement dans ces vers :

Madeleine a péché ; mais au livre des cieux,
Elle a blanchi sa page avec l'eau de ses yeux.
Et le Seigneur lui doit, juste dans sa clémence,
Un immense pardon, pour son amour immense.
Les pleurs ne sont-ils pas des diamants cachés
Qui payent, en tombant, le prix de nos péchés.
(Parfums de Madeleine.)

Le second, c'est le X<sup>e</sup> chapitre de l'Evangile suivant saint Luc.

« 38. Jésus, étant en chemin avec ses disciples, entra dans une bourgade (Bethaïa) ; et une femme, nommée Marthe, le reçut en sa maison.

39. Elle avait une sœur, nommée Marie, qui, se tenant assise aux pieds du Seigneur, écoutait sa parole.

40. Mais Marthe était fort occupée à préparer tout ce qu'il fallait ; et s'arrêtant devant Jésus, elle lui dit : Seigneur, ne considérez-vous point que ma sœur me laisse servir toute seule ? Dites-lui donc de m'aider.

41. Mais le Seigneur lui répondit : Marthe, Marthe, vous vous empressez et vous vous troublez dans le soin de beaucoup de choses.

42. Cependant une seule chose est nécessaire : Marie a choisi la meilleure part, qui ne lui sera point ôtée. »

Il rend ici hommage aux soins que lui prodigue Marthe, mais conformément à sa pensée, rien ne vaut la douceur et la contemplation dans l'idée, c'est là évidemment la portée qu'il faut donner à sa parole — ce qu'il admire particulièrement dans Marie, ce qu'il veut récompenser, c'est le détachement des biens futiles de cette vie.

N'est-ce pas la même pensée qui l'inspire lorsqu'il prononce ces paroles dans le chapitre XXI de saint Mathieu :

« 31. Je vous le dis en vérité, les publicains et les courtisanes vous devanceront dans le royaume de Dieu.

32. Car Jean est venu à vous dans la voie de la justice, et vous ne l'avez pas cru : les publicains au contraire et les courtisanes l'ont cru ; et vous, même après avoir vu leur exemple, vous n'avez point été touchés de repentir ni portés à le croire. »

Il en arrive ici, à aimer mieux les

courtisanes croyantes que ce peuple incrédule qui ne veut pas avoir foi en lui ; non pas qu'allant à l'encontre des mœurs, ils voulût, comme certains le prétendent, les réhabiliter, mais il veut montrer par là le peu de cas qu'il fait pour les règles sociales, le peu d'intérêt qu'il y porte, ce qui l'intéresse, lui, ce dont il veut s'occuper, c'est de l'âme, et il voit et il indique ici la véritable égalité, la seule, l'égalité devant la mort, qui, pour de vrais croyants, fera de toutes les âmes des égales, qui iront quelle que soit leur origine terrestre, si elles l'ont mérité, dans le Royaume de Dieu, dont Jésus, voulait seul parler. « Mon Royaume n'est pas de ce monde », dit-il à tout moment, ce n'est pas ainsi que s'exprime un rénovateur politique ou social, c'est bien ainsi que doit s'exprimer le fils de Dieu.

Et comme il va se ressaisir vis-à-vis des femmes à son heure dernière, écoutez-le, s'adressant aux femmes de Jérusalem qui le pleurent et qui se lamentent :

« 28. Filles de Jérusalem, ne pleurez point sur moi, mais pleurez sur vous-même et sur vos enfants.

29. Car il viendra un temps où l'on dira : Heureuses les stériles et les entrailles qui n'ont point enfanté, et les mamelles qui n'ont point allaité. » (Chapitre XXIII, saint Luc.)

Quelle pitié hautaine de celui qui va à la mort et comme on sent le véritable fils de Dieu dans cette apostrophe.

Une seule fois il s'occupera de droit civil, il repoussera le divorce non pas complètement, croyons-nous du moins, mais lorsqu'il n'aura pas pour cause l'adultère. (S. Mathieu, chap. XIX).

« 3. Les Pharisiens vinrent aussi à lui

pour le tenter, et ils lui dirent : Est-il permis à un homme de quitter sa femme pour quelque cause que ce soit ?

4. Il leur répondit : n'avez-vous point lu que celui qui créa l'homme dès le commencement les créa homme et femme ? et qu'il dit :

5. Pour cette raison, l'homme abandonnera son père et sa mère et il s'attachera à sa femme, et ils seront deux dans une seule chair ?

6. Ainsi, ils ne sont plus deux mais une seule chair. Que l'homme donc ne sépare point ce que Dieu a uni.

7. Mais pourquoi, lui dirent-ils, Moïse a-t-il ordonné qu'on donne à sa femme un acte de séparation et qu'on la renvoie ?

8. Il leur répondit : c'est à cause de la dureté de votre cœur que Moïse vous a permis de quitter vos femmes ; mais cela n'a pas été dès le commencement.

9. Aussi, je vous déclare que quiconque quitte sa femme, *si ce n'est en cas d'adultère,* et en épouse une autre, commet un adultère, et que celui qui épouse celle qu'un autre a quittée commet aussi un adultère.

10. Ses disciples lui dirent : Si la condition d'un homme est telle à l'égard de sa

femme, il n'est pas avantageux de se marier.

11. Il leur dit : Tous ne sont pas capables de cette résolution, mais ceux à qui il a été donné d'en haut.

12. Car il y a des eunuques qui sont nés tels, dès le sein de leur mère; il y en a que les hommes ont fait eunuques; et il y en a qui se sont rendus eunuques eux-mêmes pour gagner le royaume des cieux. Qui peut comprendre ceci, le comprenne. » (Chapitre X, 2, 3, 4, 5, 6, 7, 8, 9, 10, 11, 12, saint Marc; chap. XVI, 18, S. Luc).

Expliquons-nous d'abord sur la fin de cet évangile, il en résulte incontestablement que rien ne vaut pour Jésus le célibat, et de ce fait même il indique bien la différence qu'il voit exister entre l'homme et la femme. La femme faite principalement pour la reproduction de l'espèce, perd, par le célibat, au point de vue social, toute l'importance qu'elle acquiert au point de vue moral. Elle s'élève en se diminuant. Mais pour Jésus le célibat est l'état le meilleur, il l'a prêché par l'exemple, et le sentiment extrêmement délicat qu'on remarque en lui pour les femmes ne se sépare point du dévouement exclusif qu'il avait pour son idée. C'est ce qu'exprime Renan (*Vie de Jésus*, p. 73.) : il fut sans doute plus aimé qu'il n'aima. Il y a ici un argument puissant en faveur de notre thèse. Jamais un partisan de l'égalité sociale et de l'émancipation de la femme ne prêchera le célibat, la femme perdant de la sorte la plus grande partie de son pouvoir et, sans vouloir froisser personne, la qualité de mère étant ce qu'il y a de plus beau dans le rôle de la femme sur cette terre au point de vue social.

Pour expliquer la première partie de cet évangile reportons-nous maintenant à l'Ancien Testament, où nous allons retrouver les mêmes idées exprimées de la même façon.

« Car il n'est pas bon que l'homme soit seul, dit le Seigneur Dieu. Faisons-lui une compagne semblable à lui, qui soit son aide et sa consolation.

Dieu donc envoya à Adam un sommeil profond pendant lequel il enleva, sans effort ni violence, une de ses côtes. Il en forma un corps, auquel une âme raisonnable fut unie et la première femme exista ; elle fut douée des mêmes avantages, élevée au même état surnaturel que l'homme dont elle allait être la compagne. . . . . . . . . . . .

Tirée de la propre chair de l'homme, d'une région voisine du cœur, non de la tête, ni des pieds, elle était ainsi établie dans les vrais rapports où elle devait se trouver avec lui ; créature semblable à lui, étroitement unie à lui, ni dominatrice, ni esclave, mais faite pour aimer et pour être aimée. »

Aussi le premier cri d'Adam fut-il :

« Voici l'os de mes os et la chair de ma chair. »

Le premier homme dans le sentiment des devoirs que le Seigneur lui imposait, à lui et à tous ses descendants, ajouta :

« Voilà pourquoi l'homme quittera son père et sa mère et s'attachera à son épouse, et ils seront deux dans une seule chair. Alors Dieu les bénit et leur dit : Croissez et multipliez-vous et remplissez la terre. » (Genèse, II, 18 à 25 et 1 à 3.)

C'est bien là, la loi juive, la loi de Moïse. Jésus n'y a rien changé, n'y a rien ajouté et si même il en a parlé une fois, sur une question spéciale, l'adultère, à lui posée, il ne fait que répéter les paroles même de Moïse, se réfugier derrière les principes établis par le patriarche juif et les approuver. Il n'y a là aucun germe nouveau jeté, aucune idée de réforme, d'émancipation, c'est l'application pure et simple de la loi juive.

La faute d'Eve cédant au serpent et entraînant l'homme à la perte de l'humanité est encore une preuve de l'inégalité des sexes, puisée dans les Ecritures. De deux choses l'une, ou Eve a seule la responsabilité et doit seule encourir la punition — dans la conduite d'Adam il n'y a qu'un fait matériel, chez Eve il y a l'intention — ou, l'homme étant supérieur à la femme, il y a pour lui la responsabilité des actes de la femme, et il a commis le péché en le laissant commettre — ceci est indiscutable — c'est là une première preuve de l'infériorité de la femme.

La seconde preuve, c'est la création de la femme. N'est-elle pas, de par la Genèse, même, un simple morceau, une partie de l'homme, comment cette partie peut-elle être égale au tout. C'est ce qu'Alexandre Dumas fils a si heureusement défini :

« La femme est un être circonscrit, passif, instrumentaire, disponible, en expectative perpétuelle ; c'est la seule œuvre inachevée que Dieu ait permis à l'homme de reprendre et de finir. C'est un ange de rebut. »

Les Juifs qui ont écrit et pensé cet

Ancien Testament, ce livre des livres, et qui, il faut l'admettre à moins de périr d'orgueil, l'ont bien compris puisque c'est leur œuvre, n'ont, par la suite, pas plus Abraham que Jacob, que Moïse, que tous les autres prophètes, pu donner à la femme un rôle prépondérant ou égal à celui de l'homme.

Pour eux, c'est un être méprisable à tous les points de vue, c'est la cause de tous les maux. Alors, quantité de siècles après, sans d'ailleurs pouvoir s'autoriser de la parole de Jésus, qui ne fait que citer l'Ancien Testament dans ses Évangiles, on a torturé ces textes clairs, quoique simplement prophétiques et allégoriques, et des auteurs sérieux sont venus prétendre que ce livre juif, complètement juif, que le Christianisme issu lui-même du peuple juif a adopté, contenait le principe de l'égalité de l'homme et de la femme.

C'est, il faut l'avouer, une singulière conséquence de la Genèse, et on a mis bien du temps à y découvrir de semblables principes.

Voulez-vous une nouvelle preuve de ce que nous avançons, tirée, elle aussi, de la Genèse, ch. III, 14 à 18 :

« La femme a péché la première, c'est elle qui la première entendra sa sentence. « Je multiplierai tes misères et tes enfantements ; tu enfanteras dans la douleur ; *tu seras sous la puissance de ton mari, et il te dominera.* »

La voilà la parole de Dieu, elle est sévère, elle peut même sembler cruelle ; telle est la règle qu'il a posée, et si l'on veut être logique, raisonner de bonne foi et loyalement, se servir de tous les textes sans écarter ceux qui peuvent gêner la cause qu'on soutient, il faut s'incliner. Voilà le principe de l'inégalité qui sort de la bouche même de Dieu et que rien ne pourra faire disparaître. Il n'y a ici aucune restriction, comme il n'y aura aucune modification à cette parole dans la prédication de Jésus. Jésus, ne l'oublions pas, est un admirateur de la loi de Moïse, il ne cesse de le dire, et c'est toujours derrière cette loi qui émane de Dieu même qu'il se retranche, comme le fera après lui l'Eglise chrétienne.

Je sais bien que les écrivains chrétiens déclarent pour expliquer ces textes « qu'il n'a fallu rien moins que le sang du Calvaire coulant sur une nouvelle Eve pour réhabiliter la femme et pour effacer les hontes de son abaissement ». Au lieu de cette superbe phrase qui est de Bossuet, ils feraient mieux de nous indiquer ce qu'ils entendent par cette nouvelle Eve, dont nous ne trouvons aucune trace, et de nous dire quelles paroles de Jésus sont venues indiquer le pardon de la femme, sans toutefois faire disparaître la première partie de la phrase vengeresse de Dieu « femme, tu enfanteras dans la douleur » qui tout comme l'inégalité de la femme n'a cessé d'être vraie, après, comme avant la Passion.

Je sais bien que des auteurs considérables, comme M. Gide (*Op. citat.,* page 171), s'écrient, écrivant sur le même sujet :

« Mais au moment même où l'on promulguait les lois Papiennes et où la corruption parvenait à son comble dans la capitale de la civilisation antique, les habitants ignorants et grossiers des bourgades de la Galilée recevaient, de la bouche d'un jeune Juif humble et pauvre comme eux, la doctrine qui devait renouveler le monde. Ce nouveau docteur n'ordonnait pas, comme la loi juive et la loi païenne, que l'on répudiât l'épouse stérile ; mais il disait : « Que l'homme ne sépare point ceux que Dieu a unis. » Il ne livrait pas, comme les anciennes lois, aux fureurs d'une multitude toujours avide de scandale et de sang, la femme surprise en adultère ; mais, faisant taire d'un mot ses accusateurs, il lui disait : « Va-t-en et ne pèche plus à l'avenir. » Il ne faisait pas de l'autorité maritale un pouvoir violent et oppresseur ; il ne disait pas, comme la législation antique, que le mariage doit enlever la femme à sa famille et laisser le mari dans la sienne ; mais, renversant en quelque sorte les rapports des deux époux pour mieux rétablir entre eux l'égalité, il disait : « L'homme quittera son père et sa mère et s'attachera à sa femme. »

M. Gide lorsqu'il a écrit ces lignes éloquentes oubliait bien des choses qu'il avait consignées lui-même antérieurement dans son si intéressant livre.

La première c'est que la répudiation pour cause de stérilité avait à ce moment également disparu et de la loi juive et de la loi païenne ; que le pouvoir oppresseur du mari n'existait plus même de nom. (Voir GIDE, *op. citat.*, p. 123 à 153 et 53 à 57.)

La seconde, c'est que les paroles de Jésus : « Que l'homme ne sépare pas ce que Dieu a uni. L'homme quittera son père et sa mère et s'attachera à sa femme. » sont purement et simplement la reproduction des paroles consignées dans la Bible et que nous citons plus haut.

La troisième : Que Jésus respectueux observateur de la loi de Moïse qu'il cite à chaque instant, admettait tout comme Moïse le divorce en cas d'adultère, et qu'il acceptait de même cette singulière institution du *lévirat,* qui aurait incontestablement choqué un adepte de l'égalité des sexes.

La quatrième, en ce qui concerne la femme adultère, dont l'épisode n'existe que dans l'Evangile suivant saint Jean, c'est que Jésus avait en particulière horreur l'adultère, comme tous les juifs, que lorsqu'il voulait parler de quelqu'un avec colère, il accolait à la personne qu'il nommait ou à la race qu'il désignait, le mot *adultère*. Que les paroles mêmes qu'il adresse à la femme adultère, sont empreintes d'un mépris hautain, mélangé d'une certaine pitié, qui lui vient de tout ce qui se passe autour de lui, et qu'avant de lui octroyer le pardon par ces paroles : « Va-t-en et ne pèche plus à l'avenir » ; il a prononcé ces autres paroles beaucoup plus élevées et tout à fait celles-là dans la doctrine qu'il enseigne : « Que celui qui n'a jamais péché lui jette la première pierre. »

D'ailleurs, il sait bien qu'il ne peut pas lui pardonner, mais sa bonté est immense, elle seule, éclate ici ; la femme adultère n'est pas condamnée au moment où elle se présente devant lui, ce n'est pas lui qui la condamnera ; n'a-t-il pas dit à un autre moment « ne jugez pas et vous ne serez pas jugé » et encore « ne condamnez pas, vous ne serez pas condamné ».

Il n'en est pas moins d'accord à cet instant comme toujours avec les livres saints et il ne retirerait pas un mot au jugement porté dans les Proverbes (chapitre VI) par Salomon.

« 20. Observez, mon fils, les préceptes de votre père, et n'abandonnez pas la loi de votre mère...

24. Afin qu'ils vous défendent de la femme corrompue, et de la langue flatteuse de l'étrangère.

25. Que votre cœur ne conçoive pas de passion pour sa beauté, et ne vous laissez pas surprendre aux regards de ses yeux :

26. Car le prix de la courtisane est à peine d'un pain seul ; mais la femme mariée tend à vous ravir ce que vous avez de plus précieux, qui est l'âme.

. . . . . . . . . . . . . . . . . . .

3o. Ce n'est pas une grande faute, qu'un homme dérobe pour avoir de quoi manger, lorsqu'il est pressé par la faim.

31. S'il est pris, il rendra sept fois au-

tant, et il donnera tout ce qu'il a dans sa maison.

*32. Mais celui qui est adultère perdra son âme par la folie de son cœur.*

*33. Il s'attire de plus en plus l'opprobre et l'ignominie, et son opprobre ne s'effacera jamais. »*

L'adultère est pour la loi juive ce qu'il y a de plus grave, c'est une véritable corruption. L'argument tiré du pardon de la femme adultère doit donc disparaître.

Il n'y a rien dans les Evangiles de comparable à ce passage des lois de Manou, édictées il y a plus de trois mille ans :

« Ne frappez pas, même avec une fleur, une femme chargée de fautes. Partout où la femme est honorée, les divinités sont satisfaites : mais lorsqu'on ne l'honore point tous les actes pieux sont stériles. Les femmes doivent être comblées d'égards et de présents par leurs pères, leurs frères et leurs maris, etc., etc.

Celui-là seul est un homme parfait qui se compose de trois personnes réunies : sa

femme, lui-même et son fils ; et les brahma-
nes ont déclaré cette maxime : Le mari ne
fait qu'une même personne avec son épouse.
Qu'une fidélité mutuelle se maintienne jusqu'à la mort, tel est le principal devoir de la
femme et du mari. » etc., etc. (Lois de Manou, trad. Loiseleur. — Deslongchamps,
Paris, 1833, II, 138, 139 ; III, 55, 60 ; IX, 26,
45, 101. — Yâjnavalkya, übers, Stenzler,
Berlin, 1849, I, 74.)

Dans cette législation cependant,
les femmes étaient exclues des offices
religieux et des offices civils, et leur
incapacité civile était générale et perpétuelle.

Et Boudha qui, fils de roi, a échan-
gé volontairement les splendeurs du
trône contre la misère, les persécu-
tions et l'exil, pour aller prêcher aux
classes opprimées et souffrantes la
charité, l'humilité, le dévouement,
vertus inconnues jusqu'alors, et dont
la vie tout entière a offert un admirable exemple, Boudha qui a amené
à sa religion plus de 300,000,000

d'hommes, qui a radicalement modifié l'état social de l'Asie, n'a point touché aux lois de Manou, sur ce point, et n'a jamais pensé à transformer le sort des femmes au milieu desquelles il prêchait. Ecoutez maintenant saint Paul, le disciple de Jésus, qui a laissé par écrit la partie la plus importante de la doctrine chrétienne :

« Pour ce qui regarde les choses dont vous m'avez écrit, je vous dirai qu'il est avantageux à l'homme de ne toucher aucune femme.

.   .   .   .   .   .   .   .   .   .   .   .   .   .

7. Car je voudrais que vous fussiez tous comme moi....

8. Quant aux personnes qui ne sont pas mariées, ou qui sont veuves, je leur déclare qu'il leur est bon de demeurer en cet état comme j'y demeure moi-même.

.   .   .   .   .   .   .   .   .   .   .   .   .   .

32. Pour moi, je désire de vous voir dégagés de soins et d'inquiétudes. Celui qui n'est point marié s'occupe du soin des choses du Seigneur et de ce qu'il doit faire pour plaire à Dieu.

33. Mais celui qui est marié s'occupe du
soin des choses du monde et de ce qu'il doit
faire pour plaire à sa femme ; et ainsi il se
trouve partagé.

34. De même, une femme qui n'est point
mariée, ou une vierge, s'occupe du soin des
choses du Seigneur, afin d'être sainte de
corps et d'esprit : mais celle qui est mariée
s'occupe du soin des choses du monde et
de ce qu'elle doit faire pour plaire à son
mari. » (Epître aux Corinthiens, chap. VII).

Et un peu plus loin, pour démontrer que les femmes doivent prier,
couvertes d'un voile (chap. XI) :

« Mais je désire que vous sachiez que
Jésus-Christ est le chef et la tête de tout
homme ; que *l'homme est le chef de la femme* et que Dieu est le chef de Jésus-Christ.

7. L'homme est l'image et la gloire de
Dieu, au lieu que *la femme est la gloire de
l'homme.*

8. *Car l'homme n'a point été tiré de la
femme, mais la femme a été tirée de
l'homme.*

9. *Et l'homme n'a point été créé pour la
femme, mais la femme pour l'homme.*

10. C'est pourquoi la femme doit porter

sur sa tête, à cause des anges, la marque de la puissance que l'homme a sur elle.

11. Toutefois, ni l'homme n'est point sans la femme, ni la femme sans l'homme en notre Seigneur.

12. Car, comme la femme, au commencement, a été tirée de l'homme, ainsi l'homme maintenant naît de la femme, et tout vient de Dieu. »

Plus loin encore :

« 22. Que les femmes soient soumises à leurs maris comme au Seigneur.

23. *Parce que le mari est le chef de la femme, comme Jésus-Christ est le chef de l'Eglise.*

24. Comme donc l'Eglise est soumise à Jésus-Christ, les femmes doivent aussi être soumises en tout à leurs maris qui les aiment, comme Jésus-Christ a aimé l'Eglise.

Que chacun de vous aime donc aussi sa femme comme lui-même, et que la femme craigne et respecte son mari. » (Epître de S. Paul aux Ephésiens, chap. V et aux Coloniens, chap. III, 18 et 19.)

Lisez aussi la première Epître de S. Pierre (chap. III) :

« Que les femmes soient soumises à leurs

maris... comme faisait Sarah qui obéissait à Abraham, l'appelant son Seigneur, etc. »

Non, ce n'est pas la doctrine chrétienne qui contient, dans son germe du moins, le principe de l'égalité sociale de l'homme et de la femme, et nous sommes fiers, au contraire, de nous retrancher derrière une semblable autorité pour nous élever encore une fois contre cette égalité. Non prêchée, par Jésus, ce n'est que bien des siècles après la fondation de l'Eglise chrétienne qu'elle commença à apparaître modestement, et les siècles les plus pieux ne l'ont pas connue. Voyez, comme exemple unique, le moyen âge. Jamais le pouvoir de l'Eglise n'a été aussi puissant; qui oserait cependant prétendre que pendant ces longs siècles de domination absolue de l'Eglise, l'égalité sociale de l'homme et de la femme ait existé. N'y a-t-il même pas eu, à cette époque, un concile qui a sérieusement discuté la question de savoir si la femme avait une âme. Ah ! ils seraient singulièrement surpris les grands et puissants Evêques, les grands et puissants Papes, les hauts et puissants barons féodaux de cette époque, si on leur apprenait que les femmes étaient leurs égales, et si ils assistaient à une semblable discussion basée sur leur autorité. Si un doute subsistait encore, il suffirait de se reporter au moment où la doctrine chrétienne spirituelle du royaume des âmes est devenue directrice temporelle de la vie humaine, et d'ouvrir le droit canonique, œuvre des Pères de l'Eglise. Ecoutez d'abord S. Jérôme :

« Mettons la main à la cognée, s'écrie-t-il. et coupons par ses racines l'arbre stérile du mariage. Dieu avait bien permis le mariage au commencement du monde, mais Jésus-Christ et Marie ont consacré la virginité. »

Le mariage est un mal nécessaire, qu'il faut tolérer, mais dont on doit restreindre l'usage, voilà le principe qui domine le droit canonique. La doctrine générale des Pères, c'est que le mariage est une suite du péché originel et que, sans la première faute, Dieu aurait pourvu autrement à la conservation de l'espèce humaine. (Saint Jérôme, t. I, p. 144, ép. 22, *ad Eustochium*. Saint Jean Chrysostome. *De Virgin.*, t. I, p. 282.)

Dès le quatrième siècle de l'Eglise, le mariage ne compte plus pour défenseurs que quelques hérésiarques, comme Juvinien ou Vigilance. Et nous ne pouvons mieux faire que de citer ici le passage suivant de M. Gide *(De la Condition de la Femme)*, qui, mieux que nous ne le ferions, expose la situation créée à la femme par l'Eglise.

« L'Eglise défend le mariage à ses clercs

(concile d'Elvire, an 3o5, can. 33; concile
de Néo-Césarée, an 314, can. 1), et ne pou-
vant l'interdire aux simples fidèles, elle
s'applique à en restreindre l'usage et à le
réduire, pour ainsi dire, au strict nécessaire.
Le principe professé par les Pères : c'est
qu'il n'est jamais permis de se marier qu'une
seule fois : « Tout second mariage, disent-
ils, n'est au fond qu'un adultère. » (Athé-
nagore, apolog. 28; constit. apostol., III, 2.)
Les canons ecclésiastiques tempèrent cette
rigueur, ils tolèrent, quoique avec une défa-
veur marquée, une seconde union en cas de
décès du premier époux: mais ils l'interdi-
sent absolument en cas de répudiation ou
de divorce, ou, pour employer le langage
moderne, ils substituent au divorce la séparation de corps. (Concile d'Elvire, an 3o5,
can. 8-10 ; d'Arles, 314, can. 10.) Cependant le divorce pour cause d'adultère est
encore autorisé jusqu'au ixe siècle, par plusieurs pénitenciers. ( Wasserchleben - Bus-
sordn. p. 168, 170, 213, 215, 582.)

Plus tard, les interprètes du droit canonique feront un pas de plus dans cette voie
dangereuse : la loi avait imposé des restrictions au mariage, ils imposeront, dans le
mariage même, des restrictions aux rapports des époux entre eux, et partant tou-

jours de ce principe, que le mariage n'est qu'un mal nécessaire, ils en déduiront, avec cette logique subtile familière aux casuistes, la conséquence qu'il n'y a de rapports conjugaux licites que ceux qui ont pour but la procréation des enfants. (Decret. gr. II, c. 7, § 2, cons. XXXIII, quest. 4; c. 10, cons. XXVII, quest. 2 ; c. 5, cons XXXII, quest. 4; Sanchez, *De Matrimonio*, Anvers, 1652, L. IX, disput. 8-11.)

En rabaissant ainsi la dignité du mariage, les casuistes rabaissaient, par cela même, la dignité de la femme. Déjà aux yeux de bien des Pères de l'Eglise, la femme n'est, depuis la première faute, qu'un instrument de tentation et une occasion de chute. « Femme, dit Tertullien, tu devrais toujours être vêtue de deuil et de haillons, n'offrant aux regards qu'une pénitente noyée dans les larmes, et rachetant ainsi la faute d'avoir perdu le genre humain? Femme, tu es la porte du démon ! C'est toi qui a corrompu celui que Satan n'osait pas attaquer en face; c'est à cause de toi que Jésus-Christ est mort. » (*De cultu feminarum.* I, 1, t. I, p. 126.) Cette croyance en la supériorité morale de l'homme sur la femme est consacrée par les textes les plus décisifs du droit canon : « L'homme a été créé à l'image de

Dieu, mais non la femme ; en conséquence,
la femme doit être la subordonnée, et presque la servante et l'esclave de l'homme. »
(Can. 13-19, cons. XXXIII, quest. 5.) Fidèle
à ce principe, qui est celui de tous les codes
de l'antiquité, le droit canonique, en tout
ce qui regarde la condition des femmes, ne
fait que copier le droit romain, et ce que
l'on a dit de la loi païenne peut également
s'appliquer à la loi chrétienne : « *In multis
articulis, deterior est conditio feminarum
quam masculorum.* » (Fr. 9, D. I, 5.)
Comme le droit romain, et plus exclusif
encore, le droit canonique ne connaît d'autre régime nuptial que celui de la dot : il
rejette également et la communauté qui
associe et qui égalise les intérêts des deux
époux, et la paraphernalité absolue qui les
sépare : il exige le régime dotal qui rend la
femme incapable et impuissante. Comme le
droit romain, le droit canonique exclut la
femme de tous les offices que les anciens
appelaient virils, et qui sortent du cercle
des affaires privées : il lui défend de s'obli-
ger pour autrui, de plaider pour autrui,
d'exercer un arbitrage, d'intenter une accu-
sation : plus sévère que les lois romaines, il
lui défend même de déposer en justice, et
tient son témoignage pour indigne de foi.

Remarquez, d'ailleurs, que si l'Eglise a fait du mariage un sacrement, ce n'est pas qu'elle l'ait considéré comme pur et saint en lui-même, c'est, au contraire, pour corriger ce qu'il a en lui-même d'impur. Le sacrement n'est ici, suivant l'expression des théologiens, qu'un *remedium sacramento-rum.... alia remedium contra peccatum præbent et gratiam adjutricem conferunt, ut baptismus...: alia in remedium tantum sunt, ut conjugium.* » (Pierre Lombard, *Sentent.*, liv. V, dist. 2, Rothomaz. 1651, t. II, page 4.)

Qu'on vienne nous dire après tout cela que Jésus a prêché l'émancipation sociale de la femme, et que le christianisme l'a, conformément à ses idées, proclamé et fait triompher, c'est ce que nous nierons et nous prétendons avoir justifié le principe que nous avons posé.

## CONCLUSION

Sans aller jusqu'à Alexandre Dumas fils, qui prétend qu'en dehors de l'homme la femme n'agit pas, qu'elle s'agite; nous partageons l'idée du moraliste lorsqu'il ajoute que « l'émancipation de la femme par la femme est une des joyeusetés les plus hilarantes qui soient nées sous le soleil ».

Mais nous cessons de rire lorsque nous voyons des hommes sérieux, chargés du soin de faire des lois, accepter le principe de l'égalité des sexes et le patronner.

C'est dans l'intérêt de tous, hommes et femmes, que nous parlons. Ne l'a-t-on pas dit depuis longtemps, « ce qui fait la force de la femme, c'est sa faiblesse » ; que les femmes méditent cette vérité toujours vraie et, qu'au besoin, elles s'opposent à l'égalité des droits qui ne peut leur être que nuisible. Qu'elles n'oublient pas que leur égalité une fois acquise, c'est la fin de la famille et, par suite, leur fin à elles-mêmes. C'est dans la famille qu'est la vraie place de la femme, c'est là surtout qu'elle est puissante, c'est à l'ombre du foyer domestique que brillent le mieux toutes ses vertus.

Qui ne comprend qu'après l'évolution de l'égalité de la femme, le monde moderne retournera fatalement, sur ce point du moins, à la barbarie, c'est-à-dire à la femme esclave, ce qu'il ne faut à aucun prix.

Que nos lectrices et nos lecteurs méditent les deux exemples : l'un chrétien, l'autre juif, par lesquels nous terminons :

Le Chrétien d'abord, ce sont les conseils donnés par saint Paul à ses disciples.

« Apprenez aux femmes, avancées en âge, à faire voir dans tout leur extérieur une sainte modestie, et à ne pas être médisantes ; mais à donner de bonnes instructions, en inspirant la sagesse aux jeunes femmes et en leur apprenant à aimer leurs maris et leurs enfants, à être bien réglées, chastes, sobres, attachées à leurs ménages, bonnes, soumises à leurs maris. » (Epître à Tite, chap. II.)

Le Juif, c'est cet admirable portrait de la femme forte, laissé par Salomon dans ses Proverbes :

« Qui trouvera une femme forte ? Elle est d'un prix qui l'emporte sur toutes les pierreries. Le cœur de son époux se confie en elle, et il voit les richesses s'accroître dans sa maison. Elle lui apportera le bien et éloignera de lui le mal tous les jours de la vie. Elle se lève la nuit, distribue la laine à ses servantes et donne sa tâche à chacune d'elles. Elle a vu un champ et l'a acheté, et elle a planté une vigne du produit de son travail. Elle a mis autour de ses reins la force comme une ceinture, et elle a affermi ses bras... Elle a porté la main à la quenouille et ses doigts ont fait tourner le fuseau ; *elle a ouvert sa main au pauvre et et elle a tendu ses deux bras vers l'indigent.* Elle ne craint pas l'hiver pour sa maison, car les serviteurs ont de doubles vête- ments.... Elle est revêtue de courage et de beauté, et son dernier jour sera plein de joie... Ses fils se sont levés, et l'ont appelée bienheureuse, son époux s'est levé, et l'a aussi comblée de louanges. Plusieurs d'en- tre les femmes ont brillé par leur vertu, mais toi, tu les as toutes surpassées. La grâce est trompeuse et la beauté est vaine ; seule la femme qui craint le Seigneur re- cueillera la gloire et ses propres œuvres la louent dans l'assemblée des juges. »

Annecy, 29 août 1895.

(*Villa Colmir.*)

2661. — Annecy. Imprimerie ABRY.

Documents manquants (pages, cahiers...)
NF Z 43-120-13

www.ingramcontent.com/pod-product-compliance
Lightning Source LLC
Chambersburg PA
CBHW071330030726
47594CB00002B/608